(Par Gondot, d'après Barbier)

LES FESTES
DES
NVIRONS DE PARIS;
PARODIE
DES FESTES
RÉCQUES ET ROMAINES.

EPRESENTÉE POUR LA PREMIERE FOIS, par les Comédiens Italiens Ordinaires du Roi, le Mercredi 4 Juillet 1753.

Prix 30 sols, avec les Airs notés.

A PARIS,

Chez { La Veuve DELORMEL, & Fils, rue du Foin, à l'Image Sainte Geneviéve.
Et PRAULT Fils, Quai de Conti.

M. DCC. LIII.

VEC PRIVILEGE DU ROY.

[3]

ACTEURS.

ACTE PREMIER.

FARINETTE.	Mlle. Aſtraudi.
DUTAILLON.	M. Rochard.
GRIPPET.	M. Deſbroſſes.
UN MARINIER.	M. Chanville.
UNE MARINIERE.	Me. Favart.

TROUPE DE MEUNIERS ET MEUNIERES.

TROUPE DE MARINIERS ET MARINIERES.

ACTE II.

Le Chevalier de VISEMBRETTE, *Gaſcon.*	M. Chanville.
PEZENAS, *Ami du Chevalier.*	M. Deſbroſſes.
ÆGLE', *Amante abandonnée.*	Me. Favart.
LISETTE, *Amie d'ÆGLE'.*	Mlle. Aſtraudi, c.
NANNETTE, *Amante aimée.*	Mlle. Aſtraudi.
UN CHEF *de l'Arquebuſe.*	M. Deſbroſſes.

CHEVALIERS *de l'Arquebuſe.*

SAUTEURS.

COUREURS.

ACTE III.

CENIE.	Me. Favart.
MARTON.	Mlle. Aſtraudi, c.
DAMON, *ſous le nom de la* FRANCE.	M. Rochard.

QUADRILLES & Troupes de MASQUES.

LES FESTES DES ENVIRONS DE PARIS,

ACTE PREMIER.

Le Théâtre repréſente les bords de la Seine, l'on y voit ſur la droite la Maiſon du Receveur de la Terre d'un Financier.

SCENE PREMIERE.

DUTAILLON, GRIPPET.

GRIPPET.

Air : *Ah mon mal ne vient que d'aimer.*

J'Avois fait mon porte-manteau
Vous diſiez que s'il faiſoit beau,
Nous partirions pour Longjumeau
Delà pour la tournée;
Mais, je ne vois rien de nouveau

DU TAILLON.

Non, pour cette journée.

Air : *Amis sans regretter Paris.*

J'ai voulu remettre à demain
A faire ce voyage
Sur des avis q'hier matin
J'eus de mon voisinage.

Air : *Confiteor.*

Cette Meuniere en question.
Qui nous a fait donner au Diable
Farinette de Charentons
Commence à devenir traitable
Elle m'apporte de l'argent,
C'est pour cela que je l'attend.

Air : *Qu'on apporte bouteille.*

Toujours au dernier terme ?
Elle se plaint à tort,
Je sçais qu'elle sousferme
Et qu'elle y gagne encor.

GRIPPET.

Air : *De Catinat.*

Vous voyez bien Monsieur qu'une assignation
Sçait mettre quelquefois les gens à la raison,
Je l'avois bien prévû, mais je ne sçais pourquoi
Je crains qu'elle ne vienne ici donner la loi.

DUTAILLON.

Air : *Vous m'entendez-bien.*

Que veux-tu dire ? explique toi,

GRIPPET.

Vous me devinez bien, je crois,
La Meuniere eſt jolie.

DUTAILLON.

Eh bien,

GRIPPET.

Je crains quelque folie...
Vous m'entendez-bien...

DUTAILLON.

Air : *Ton humeur eſt Catherine.*

Eſt-t'elle donc auſſi belle
Que l'on en fait de récit ?

GRIPPET.

Ma foi, rien n'eſt ſi beau qu'elle
Il n'eſt ſur cela qu'un bruit.
Votre ame en ſera ravie,
Vos yeux ſeront éblouis,
Sçavez-vous qu'elle eſt ſuivie
Dans les Jardins de Paris.

Air : *Or écoutez ma Chanſon.*

De ſon minois, de ſes charmes
Un Seigneur jadis épris.

DUTAILLON.

A pû lui rendre les armes
Moi ? je n'y ferai pas pris ;
Je la veux croire à merveille,
Adorable .. & cetera. ..
Mais j'aime mieux la bouteille
Que toutes ces beautés-là...

L'on entend une fanfare de Timballes, Trompettes, Cors & divers Instrumens.

CHŒUR DE MARINIERS.

Air : *Ton jolie belle Meuniere.*

J'allons mettre pied à terre

DUTAILLON.

Ah quel bruit foudain ?

GRIPPET *regardant au rivage.*

C'eſt ma foi, notre Meuniere
Qui vient d'un grand train
Promenant ſur la riviere
Son joli moulin.

UN MARINIER, *que l'on ne voit pas encore.*

Air : *Eh allons donc, riez donc.*

Lâche donc le cordiau
Toi qui couduis la tête.

UN MARINIER *repondant au premier.*

Eh ? jette l'anchre à liau
Ma corde eſt toute prête.

Y allons donc ramez donc ?
Que rien ne vous arrête ?
Y allons donc ramez donc ?
Tournez l'aviron.

deuxième Fanfare.

SÇENE II.

L'on voit arriver un grand Bateau à moulin, orné de Guirlandes de fleurs & de Drapeaux, dans lequel la Simphonie se fait entendre.

UNE MEUNIERE, *débarquée à la tête de plusieurs autres.*

Air : *De la Fanfare précédente.*

ACcourez sur ces bords
Joignez vous à nos transports,
Vous dont les cœurs amoureux
Sont épris des plus tendres feux,
Enfans de nos désirs,
Les plaisirs
Se montrent à nos yeux
En tous lieux
Et voguent avec nous,
Sans craindre les flots en courroux.

SCENE III.

UN MARINIER, *à la tête de plusieurs autres le verre à la main.*

FANFARE.

UN MARINIER.

Air : *Tes beaux yeux séducteurs.*

VErse, verse tout plein
Buvons, buvons sans fin
Il semble que le vin
Sur l'iau fasse encore pû d'bien.

J'en avons plein des tonniaux
Et j'en allons boire à sciaux
Not' Maîtresse a grand soin
D'fournir à not' besoin,
On n'la fart pas envain
Aussi j'la m'nons bon train.

FANFARE.

Même Air.

Faut y l'y moudre son grain,
Ou prendre l'a rame en main,
Alle n'a qu'à parler,
Vîte, j'y vais voler

Comme un bon ſarviteur,
Alle vârra mon ardeur.

On danſe.

DIVERTISSEMENT.

UN MARINIER.

Air : *Le bon Pere de notre Couvent.*

Si j'avons quitté Charentons
Aiſement j'nous en conſolons,
Avec not Meuniere j'e courrions
Dondaine, dondaine,
Juſque pard'là les ponts
La pertantaine.

FANFARE.

Même Air.

A bon port j'vnons de l'amener;
Une aubade il faut l'y donner
Y avant dela débarquer
A terre, à terre
Nous faut tretous crier
Vivlà Meuniere.

FANFARE.

Même Air.

Qu'eu qu'un qui voudra près d'paris
Près de Belville, & de St. Denis,
M'charcher un Moulin pu charmant,
Qu'il aille? qu'il aille?

J'ly donne un marle blanc
Pour sa trouvaille.

On danse.

RONDE GENERALE

de Meûniers, Meûnieres, Mariniers, Marinieres, Bergers & Bergeres.

Couplets de la Ronde.

UNE MARINIERE.

Air : *Beau Marinier, beau Marinier.*

Rassemblez-vous beaux Mariniers,
Accourés tous gentils Meûniers,
Ici sulzaîles des Zéphirs,
L'Amour conduit les doux plaisirs.

CHOEUR.

Ici, &c.

Chantons nos bois, nos prés, nos eaux,
Et nos vergers, & nos ruisseaux,
Toujours content, toujours heureux,
Jn'avons pas l'tems d'former des vœux.

CHOEUR.

Toujours, &c.

Des Vill', des Châtiaux, des Palais
Je connoissons peu les attraits,

Mais l'on dit qu'on n'y voit jamais
Regner l'innocence & la paix.

CHŒUR.

Mais, &c.

Par tout-là ce n'eſt que grandeurs,
Craintes, ſoucis, & vains honneurs,
Qui n'pourroient ſarvir au Barger
Qu'à l'y montrer l'art de changer.

CHŒUR.

Qui, &c.

Cheux nous, ça n'eſt pas com' ailleurs,
Jn'avons pas cinquant' ſarviteurs
Jne fſons pas com' les gens dla Cour,
J'en avons un, c'eſt pour toujours.

CHŒUR.

Jne fſons, &c.

Ils n'ont pas com' ces biaux Monſieux
L'art de tromper à qui mieux mieux,
Quand jnous ſomm' dit oui, ça ſuffit,
J'nous aimons bien & tout eſt dit.

CHŒUR.

Quand, &c.

DIVERTISSEMENS.

FARINETTE *avançant vers le Receveur.*

Air Noté : No. 1.

Je viens à vos genoux,
Monsieur, consentirez-vous
A m'entendre.

DUTAILLON.

Ah qu'elle à l'air tendre,
Oui ? levez-vous,

FARINETTE.

Je vous apporte tout mon argent,
Mon Bail me ruine absolument,
Et ce Placet
Va bien-tôt vous mettre au fait.

DUTAILLON *prenant le Placet.*

Donnez ? je le lirai,
Je me charge de l'affaire
Ma chere,
Pour vous je ferai
Ce que je pourrai.

DUTAILLON *lisant.*

Air : *De Joconde.*

A Monsieur, Monsieur D'Orpesant.
Ceci fort mal commence.

Ose supplier humblement ;
Point assez de distance,
Il faudra mettre Monseigneur
Tout au haut de la page,
Car à tout Seigneur, tout honneur,
D'ailleurs, c'est un usage......

FARINETTE.

Air : *Pour soumettre mon ame.*

Je demande justice,
Je suis sans protection,
L'on me dit par malice
La plus riche du canton,
Monsieur, j'ai bien quelque chose, ...
Mais les tems sont si fâcheux,
Que je ne puis & je n'ose
Faire tout ce que je veux.

Air : *Les fleurettes.*

Il est vrai qu'à mon aise
Si je l'eusse voulu,
J'aurois ne vous déplaise,
Un joli revenu,
Mais jusqu'ici peu coquette,
Loin de vouloir l'écouter,
J'ai toujours sçû résister
A la fleurette.

DUTAILLON.

Air : *Pour passer doucement la vie.*

Vos beaux yeux, Madame, font naître
Le désir de vous obliger,
Je sens que je ne suis pas maître,
à part. De pouvoir lui rien refuser.

Air : *Gentille Pellerine.*

Oui, mon cœur s'interresse......

FARINETTE.

Si la pitié vous presse,
Mon infortune cesse.

GRIPPET.

Je l'avois bien prédit
Sans doute il va se rendre.

DUTAILLON.

D'un regard aussi tendre
Pourroit-on se défendre ?

GRIPPET.

Nenni, Monsieur, Nenni ;....
A peine il la voit qu'il perd déja l'esprit.

FARINETTE.

Air : *Dieux quel enchantement.*

Monsieur, dans mon batteau
J'ai fait mettre un tonneau
D'un vin rare & nouveau
Pour vous faire un cadeau.

DUTAILLON.

L'hommage est beau.

FARINETTE *bas à* GRIPPET.

De plus j'ai quatre Louis.,
Pour vous Monsieur le Commis,
Si par votre crédit
L'on casse sans dédit
Ce Bail maudit.

DUTAILLON.

Air : *La Curiosité.*

Tout ce qu'elle nous dit, me ravit & m'enflâme;
Sa beauté,
Fait passer dans mon ame
La plus vive flamme.

GRIPPET.

La rareté.

DUTAILLON.

Il me vient dans l'esprit d'en faire aussi ma femme;
Par curiosité.

DUTAILLON.

Air : *Des Billets doux.*

Je vais vous rendre votre argent
Et j'accepte votre present
Si vous voulez, ma chere,
Que tête à tête, dans ce jour
Nous en buvions & qu'à mon tour
Je vous parle d'affaire.

FARINETTE.

Air : *Attendez-moi ſous l'orme.*

Qui moi ? parler d'affaire ?
Je ne les entends pas.

DUTAILLON.

Oh : celle-ci, j'eſpére,
Aura peu d'embarras.

FARINETTE.

Expliquez-vous encore,
Je ne ſuis pas au fait.

DUTAILLON.

Eh bien ? je vous adore,
S'il faut vous parler net.

FARINETTE.

Air : *Du haut en bas.*

Vous badinez,
Non, non, cela n'eſt pas poſſible ;
Vous badinez,
En vérité, vous m'étonnez,
Quoi ? tout d'un coup, pour moi ſenſible ;
Non, non, cela n'eſt pas poſſible ;
Vous badinez.

DUTAILLON.

Air : *Mais hélas je m'apperçois bien.*

J'avois bravé vos attraits,

J'avois

J'avois méprisé vos charmes,
Et je croyois que jamais,
Mon cœur n'en auroit d'allarmes,
Mais ma foy, je m'apperçois bien,
Qu'il faut vous rendre les armes,
Mais ma foy, je m'apperçois bien,
Qu'il ne faut douter de rien.

Air : *Je suis Madelon friquet.*

Je déchire le Placet,
Et du Bail je fait mon affaire,
Je déchire le Placet.

FARINETTE.

Oh, c'est aller trop vîte au fait,
Vous me faites bien de l'honneur,
Et je voudrois vous satisfaire,
Mais, je ne sçais pas, Monsieur,
Donner si vîte mon cœur;
Et si ce n'est pas vous déplaire,
Il me faut un peu de tems,
J'aime à connoître à fond les gens.

DUTAILLON.

Air : *Mineur du Cotillon couleur de rose.*

Quoi ? vous doutés de mon amour ?
Quand vous-même l'avez fait naître,

FARINETTE.

Un feu qui s'allume en un jour,

Peut, en un inſtant, diſparoître

DUTAILLON.

Que faut-il donc ?

FARINETTE.

A Charentons
Venez ? vous en êtes le maître,
Nous y rirons,
Et nous verrons
Si tous deux nous nous conviendrons.

DUTAILLON.

Air : *Spera forſan.*

C'eſt combler mes déſirs,
Ah ! que de doux plaiſirs ?
Naîtront de mes ſoupirs ?
Et de nos loiſirs ?

***

Oui, je vais pour toujours,
Puiſſant Dieu des Amours,
Te conſacrer le cours
De mes plus beaux jours.

***

Puiſque tout mon honheur
Dépend de mon ardeur,
Pour jamais ſur mon cœur,
Regne Amour enchanteur.

***

Tout à toi désormais,
Adorant tes bienfaits,
Et soumis à tes Loix,
Je dirai mille fois :

❋❋

Puisque tout mon bonheur,
Dépend de mon ardeur,
Pour jamais sur mon cœur,
Regne Amour enchanteur ?
Regne amour ? amour ? amour enchanteur ?
Amour ? amour ? amour ? amour enchanteur ?
D'un espoir si flatteur,
En m'offrant la douceur
Ah ! c'est une faveur
Qui me rendra vainqueur
Et déja dans vos yeux,
Où je vois les cieux,
Je lis un sort heureux.

❋❋

C'est combler mes désirs, &c.

DIVERTISSEMENT.

Ronde générale sur l'air de la Tempé.

COUPLETS DE LA RONDE.

UN MARINIER BUVEUR.

Chantons ? chantons tous,
Célébrons le Dieu de la Tonne

Chantons, chantons tous
Sautons, danſons, faiſons les foux ?

Les plaiſirs que l'Amour donne
Ont ſans doute leurs attraits,
Quand Bacchus les aſſaiſonne
Ils ſont encor plus parfaits.

CHŒUR.

Chantons, chantons tous,
Célébrons le Dieu de la Tonne,
Chantons, chantons tous,
Sautons, danſons, faiſons les fous!

UN MARINIER AMOUREUX.

Air : *Le même en mineur.*

Chantons, chantons tous,
Célébrons le Dieu de Cithere,
Chantons, chantons tous,
Chantons ſes plaiſirs les plus doux ?

Il nous fait aimer & plaire,
Il fait naître nos déſirs
Sur les bords de la Riviere,
Il enchaîne nos ſoupirs.

CHŒUR.

Chantons, chantons tous,
Célébrons le Dieu de Cithere,
Chantons, chantons tous,
Chantons ſes plaiſirs les plus doux.

On danſe.

UN MARINIER BUVEUR.

Même Air, majeur.

Chantons, chantons tous,
Célébrons le Dieu de la Tonne,
Chantons, chantons tous,
Sautons, dansons, faisons les foux.

Si le cœur de quelque friponne
M'rasiste & me fait languir.
A Bacchus je m'abandonne
Il sçait bientôt me guarir.

CHŒUR.

Chantons, chantons tous,
Célébrons le Dieu de la Tonne,
Chantons, chantons tous,
Sautons, dansons, faisons les foux.

On danse.

UN MEUNIER AMOUREUX.

Air : *Le même, en mineur.*

Chantons, chantons tous,
Célébrons le Dieu de Cythere,
Chantons, chantons tous,
Chantons ses plaisirs les plus doux.

C'est lui qui de la Meuniere
Fait triompher les beaux yeux,
On la prendroit pour sa mére
Il faut les chanter tous deux.

Chantons, chantons tous,
Célébrons le Dieu de Cythere.

Chantons, chantons tous,
Chantons ſes plaiſirs les plus doux.

On danſe.

UN MARINIER.

Même Air, majeur.

Partons ſur les yaux
Auſſi familiers qu'à Cythere,
Partout ſur les yaux
Les Amours viannent par troupiaux.

D'une aîle vive & légere
Ils folâtrent ſur ces bords,
Et com' des oyſiaux d'riviere,
Ils voltigent dans nos Ports.

Partout ſur les yaux
Auſſi familiers qu'à Cythere,
Partout ſur les yaux
Les Amours viannent par troupiaux.

L'on danſe.

FIN DU PREMIER ACTE.

ACTE SECOND.

Le Théâtre représente un Jardin, au-dessus de la porte duquel est écrit en gros caractere, JARDIN DE L'ARQUEBUSE.

SCENE PREMIERE.

ÆGLÉ, *seule.*

Air : *Des Sabotiers Italiens.*

Loin d'écouter l'ardeur
De mon cœur,
Que n'avois-je d'un trompeur
Peur ?
N'ai-je pû dans ses yeux
Lire mieux ?
J'étois de si bonne foi,
Moi.

De ſes ſermens
frequens
Je doute longtems,
Je céde enfin
A mon malheureux deſtin,

Funeſte jour!
Ah! cruel Amour
Tu me reſervois ce trait:
Prêt,
Avec éclat,
Me quitter l'ingrat!
Quand tout rioit à ſes vœux,
Dieux?

SCENE II.

ÆGLÉ, LISETTE,

LISETTE.

Air: *Italien* No. 2.

TAndis que l'on apprête
Sous tes yeux
Peu curieux
Une brillante Fête
Dans ces beaux lieux,
Que bientôt nos Compagnes
Vont au ſon des Chalumeaux
Former dans ces Campagnes
Des Jeux nouveaux,

Qu'on chante la Victoire
De ton Amant triomphant,

Æ G L É.

Hélas ! C'eſt cette Gloire
Qui fait mon tourment.

Air : *De la Barberini*, N°. 3.

Dans cet azile,
Envain pour calmer mes ſoucis
Je fuis ;
Tout eſt tranquile,
Mais le cœur d'Æglé ne l'eſt pas
Hélas !

Dans ces bois, dans ce triſte ſéjour
L'Amour, l'Amour
A chaque détour
Se préſente à mes yeux ;
Où fuirai-je ô Dieux !
Où fuirai-je ô Dieux !

L I S E T T E.

Suite des airs de la Barberini, N°. 4.

Quel diſcours !
Quoi toujours
Je te vois dans la triſteſſe,
Quoi ? Tandis
Qu'à Paris
L'on t'offre tant de partis.

Que tu peux
Si tu veux
Etre Marquise ou Comtesse,
Qu'un Gascon
De renom
Ta promis sa foi, dit-on,
De l'honneur
De son cœur
Ne fais-tu plus ton bonheur !

ÆGLÉ.

Suite des airs de la Barberini, No. 5.

Tu ne connois pas mes allarmes
L'ingrat qui fait couler mes larmes
Ne m'aima qu'un instant,
Et fait à présent
Son plaisir le plus grand
De mon tourment,
Ah ! Quand il me juroit sans cesse
D'être fidelle à ma tendresse,
C'étoit un inconstant
Qui faisoit semblant
D'être Amant.
De ce volage,
L'image
Se conserve avec douleur
Dans mon cœur ;
Je cherissois mon esclavage,
Hélas ! Que je fus bien peu sage,
Le cruel me charmoit,

Juroit qu'il m'aimoit,
M'enflâmoit :
Oui j'en meurs de dépit, Lisette,
Le perfide aux pieds de Nanette,
Lui jure comme à moi
D'être sous sa loi ;
Je l'entends, & je crois
Que je le vois.

Victime de son inconstance,
Qu'avois-je fait ! Ciel ! Il s'avance,
Cachons-nous dans le bois,
Et prêtons l'oreille à sa voix.

Elles vont se cacher dans un Bosquet.

SCENE III.

LE CHEVALIER *de Visembrette*, PEZENAS,

LE CHEVALIER.

Air *Italien*, N°. 6.

TU dis donc que j'ai l'air satisfait,

PEZENAS.

Oui, Monsieur.

LE CHEVALIER.

Je le suis en effet.

PEZENAS.

Sur lé front par les mains de l'Amour,
La Couronne vous tombe en ce jour.

LE CHEVALIER.

Je ſcais bien cela,
Mais cé n'eſt pas là
Ce qui dé mon cœur
Doit faire le plus grand bonheur.
Un objet charmant
Dont jé ſuis l'Amant,
Mettra galamment
Sur ma tête cet ornément :
Nannette va vénir,
Que j'aurai dé plaiſir !
Sçais-tu qu'en vérité
Dé ſa beauté
Jé mé ſens enchanté.

PEZENAS.

Mais pour la jeune Æglé
Votre cœur a brûlé.....

LE CHEVALIER.

Tu badines, jé crois,
J'en ai depuis elle aimé trois.

Air : *La Bourgogne.*

Sans crainte dé perſifflage,
Peut-on aimer conſtamment,

Naturellément volage ;
Moi, j'aimé lé changément
Dailleurs, il est si commode
D'aimer sans soins, sans tracas,
Qué j'en donnerois la mode
Si jé né la trouvois pas.

Air : *Sortons d'ici. Je me sens tout de flâme.*

Lé papillon, dans les Jardins dé Flore
Sur chaqué fleurs promené ses désirs,
Vis-tu jamais fixer lé drôle encore,
Il fait bien mieux, jé conçois ses plaisirs.

PEZENAS.

Air : *Babet que t'es gentille.*

Changer souvent d'amour,
C'est changer d'esclavage.

LE CHEVALIER.

Tu dis vrai. Quelqué jour
Jé déviendrai plus sage,
Mais pour lé présent
Jé trouve amusant
D'aimer toutes les filles,
Non pas dé parler sentiment,
Ni dé soupirer tristement ;
Mais d'agaçer toujours gaîment,
Gaîment les plus gentilles,
Gaîment les plus gentilles.

SCENE IV.

ÆGLÉ *déſeſperée ſortant du Boſquet.*

Air : *Jamais la nuit ne fut ſi noire.*

QU'ai-je entendu ! Puis-je le croire ?
Ingrat ! Il eſt donc vrai que tu ne m'aimes pas,
Parjure à tes ſermens tu me trompois, hélas !
Moi, qui fis de t'aimer mon bonheur & ma gloire,
N'ai-je pû prévoir mon malheur ?
O Ciel ? O Ciel ? n'eſt-il plus d'eſpérance ;
Mais je te crois ſenſible à ma douleur,
Cruel rends-moi ton cœur,
Cruel rends-moi ton cœur,
Ou mon indifférence.

LE CHEVALIER.

Air : *Point de bruit ! ce réduit ſolitaire.*

Jé né puis,
J'en rougis,
J'en ai honte,
Tenez, jé ſçais qué j'ai tort,
Jé vous eſtimé fort,
Mais ne m'en tenez compte...,
Dé mon cœur,
J'ai d'honneur,
A mé plaindre,

Dé lui jé vois tous les jours
Que j'ai de malins tours
A craindre.

Attendez, il eſt ma chere
Pour arranger cette affaire,
Un moyen,
Qué lé bien
Mé ſuggére
Pour vous plaire,
J'ai certain petit Couſin
Que je ſçais en chemin
Et qui viendra demain,
J'eſpere.

Il eſt grand,
Et Galant,
C'eſt un drôle,
Jé crois qu'il vous conviendroit,
Il n'eſt pas mal adroit,
Oh! vous en ſerez folle,
De l'eſprit......
Il écrit,
Comme un Ange,
Saiſiſſez-le en arrivant;
C'eſt gâgner mon enfant
Au change.

ÆGLÉ.

Air : *La mort de mon cher Pere.*

A m'inſulter barbare,
Peux-tu prendre plaiſir?

LE CHEVALIER.

Lé reproche eſt bizarre
Quand on veut vous ſervir.

ÆGLÉ.

Va : bien-tôt ma rivale,
Apprenant mon malheur,
De ſon ardeur fatale,
Sçaura venger mon cœur.

LE CHEVALIER.

Air : *De Joconde.*

Voulez vous ſuivre un bon avis,
Qu'en ami je vous donne ;
Né montrés dépit, ni ſoucis,
Sur mon compte à perſonne,
En vain dé moi vous parlériez,
Et vous diriez le diable :
Quen feroit-il ? vous mé fériez,
Paroître plus aimable.

ÆGLÉ.

Air : *De tous les Capucins du monde.*

Non, non ? Cruel dans ma colere,
Je veux....

LE CHEVALIER.

Eh donc ? qu'allez vous faire ?
Faites un peu réfleſſion,
Qué l'on né voudra pas vous croire.

L'on

ÆGLÉ.

L'on entend un bruit de tambours & timbales.

Quel bruit....

LE CHEVALIER.

Adieu... Ce carillon....
C'eſt la trompette de ma gloire.

ÆGLÉ.

Air : *Folies d'Eſpagne.*

Eh bien ? je pars, monſtre que je déteſte,
Mais ſi quelqu'un peut me venger de toi,
Tu peux compter, & je te le proteſte.....

LE CHEVALIER.

Ah ! proteſtez toujours, & laiſſez moi.

SCENE V.

La porte du Jardin s'ouvre, l'on en voit sortir les Chevaliers de l'Arquebuse deux à deux, armés de fusils, portant des Drapeaux & un Blanc couronné de Lauriers. La marche commence au son des trompettes, timballes, tambours, fifres, &c. Les Chevaliers sont ornés de rubans, & suivis de Coureurs, & Sauteurs.

MARCHE.

UN CHEF DE L'ARQUEBUSE, au Chevalier.

Air : *Marche Françoise.*

BRave Chevalier ?
Dont la haute vaillance,
Mérite le Laurier
Qui va vous couronner,
Voulez-vous ordonner
Que l'on vienne en cadence
A votre Excellence,
Faire la révérence ?
Voici vos Ecoliers,
Qui viennent les premiers.

LE CHEVALIER.

Même Air.

Très-fort j'y consens,
Lé doute m'en offense,

Nanette, mes enfans?
Viendra-t'elle céans,
Dépuis long tems j'attends
Avec impatience.

UN CHEF DE L'ARQUEBUSE.

En toute diligence
Je crois qu'elle s'avance
Voyez en attendant
Le Divertiſſement.

On Danſe.

LE CHEVALIER.

Vous qui cherchez la Victoire
Qui ſans ceſſe ſuit mes pas,
Vous enchaînerez la gloire
Si vous né mé quittez pas;
Car jé lé vois,
Lé gâgerois,
Jé lé prédis,
Et jé vous lé dis,
Certains dé vos coups
Vous ferez bien des jaloux,
L'on dira partout,
Honneur à ceux de ſaint Cloud.

Air : *Accourez Nymphes Printannieres.*

Danſez à préſent pour Nanette
C'eſt ma beauté, j'en ſuis épris,
Par la main dé cette Poulette
Jé pétille d'avoir le prix;

Jé voudrois voir pour ce tendron,
Sur ce verd gazon
Danſer un cotillon,
Joués Violons ?
Haut lé pied Compagnons ?
Sautons ? cabriolons ?
Qué chacun chante ma Nanette,
Meſſieurs ? c'eſt faire vôtre cour
Au Chévalier de Viſembrette,
Qué dé lui chanter ſon amour.

Divertiſſement, ou commencement d'une Contredanſe Italienne, appellée la Patacouca, *que le Chevalier interrompt pour la faire Danſer autrement qu'elle a été commencée.*

Air : *De la Patacouca.*

Jé danſois autrefoy
Moy,
Et j'aimois les Ballets,
Mais
Si jé né danſe pas,
Dé danſe jé fais cas.

J'aime & j'entends cet air
Clair,
Mais jé voudrois qu'on fit
Bruit,
Et qu'auſſi de la main
L'on pût faire du train.

II. Couplet, même Air.

Pour vous montrer celà,
Là. *Il appelle un Chevalier.*
Viens? approche de moi
Toi?
Tu va voir, Cadedis,
Comme on danſe au Pays,
Claqué moi dans la main....
Bien....
Obſerve encor le ton,
Bon....
Son oreille m'entend
Il eſt intelligent.

La Contredanſe recommence, & ſe fait avec des claquemens de mains meſurez ſur l'air.

LE CHEVALIER.

Air : *Pour paſſer doucement la vie.*

A bien tirer l'on eſt habile,
Quand on eſt leſte, gai, gaillard,
Autrement il eſt difficile
D'attraper le prix ;.. c'eſt hazard.

LE CHEVALIER.

Air : *Ah! le bel Oiſeau.*

Lé coup que j'ai fait tantôt!
Vous a-t'il un peu fait rire,
Né vous a-t'il pas plutôt,
Etonné.... Vous pouvez dire.

Eh bien? toujours, en honneur,
Toujours de même je tire.

Chœurs de Chevaliers de l'Arquebuse.

Oh, oh ! vous êtes, Monsieur,
Sans contredit le vainqueur.

Air : *Du haut en bas.*

LE CHEVALIER.

Dé pere, en fils,
Et dépuis que d'homme est mémoire
Dé pere, en fils,
L'on nous vante dans lé Pays,
Notré valeur, & notré gloire
Féroient mille tomes d'histoire,
Dé pere, en fils.

SCENE VI. & DERNIERE.

NANETTE à la tête des jeunes Paysannes, tenant une couronne de Lauriers.

DIVERTISSEMENT.

NANETTE AU CHEVALIER.

Air : *La Royalle.*

DE nos jeux,
Vous avez eu la gloire;
Nous allons au mieux
Chanter votre victoire,

A grands chœurs,
L'on ne peut s'en défendre,
Vous allez l'entendre,
Nous voulons vous rendre,
Tous les honneurs,
Au ſon des Muſettes,
Au bruit des trompettes,
Tout à la fois.

LE CHEVALIER, *vivement.*

Ah ! point de Muſettes
Je veux des Trompettes,
Si j'ai le choix.

NANETTE *lui préſentant la Couronne.*

Même air.

Commencez
Par prendre la Couronne.

LE CHEVALIER *aux Arquebuſiers.*

Vous mé connoiſſez,
Qu'aucun né s'en étonne
A douze ans,
Jé reçûs la premiere,
Mais ténez, ma chere,
Moi, jé ſuis ſincére,
J'en fais ſermens,
Jé dis fy des autres,
Quand jé vois les vôtres,
Il ſemble auſſi,

En lui baiſant la main.

Qué cette verdure,
A plus de parure
En ces mains-ci.

UN CHEF DE L'ARQUEBUSE.

Air : *Le même.*

Chantons tous
Monſieur de Viſembrette !
Egoſillons nous !
Servons lui de Trompette,
A dada
Tout le long du Village
En bel équipage,
Ceint d'un verd feuillage
On le verra.
Bientôt ſon image,
Comme il eſt d'uſage
Se montrera.

En s'avançant gravement vers le Chevalier.

Pour vous ſatisfaire,
Monſieur, peut-on faire
Mieux que cela.

La Marche recommence, le Chevalier ſe place ſous les Drapeaux & s'en va au bruit des Trompettes, Tambours, Timballes, &c.

LE DIVERTISSEMENT FINIT L'ACTE.

FIN DU SECOND ACTE.

ACTE III.

Le Théâtre réprésente un beau Jardin, où l'on a préparé une Fête, le Jardin eſt en avant d'une jolie Maiſon de Campagne, qui donne ſur le petit Bezons, où il y a une foire.

SCENE PREMIERE.

CENIE, MARTON.

MARTON.

Air : *Eh allons donc, Mademoiſelle.*

EH allons donc, Mademoiſelle,
Je connois mieux ces gens-là.
Ce domeſtique fidelle
Q'hier Monſieur arrêta...
Eh allons donc, Mademoiſelle,
Il n'eſt rien moins que cela.

CENIE.

Air : *Ingrat Berger qu'est devenu*

Je ne te le dispute pas,
Mais pourquoi, Babillarde,
Ne me pas en parler tout bas ?
A rien tu ne prend garde,
Je ne veux pas te le céler
Et je venois pour t'en parler.

Air : *nottez à la fin*, No. 8.

C'est un homme de qualité,
Dont le cœur pour moi soupire ;
Qui jamais de me le dire
N'osa prendre la liberté.

Depuis un an je vois qu'il m'adore
Chaque jour m'en assure encore
Ce dernier trait soumet mon cœur
Et je veux faire son bonheur.

MARTON.

Air : *Quand aux champ dès le matin.*

Son respect est mal adroit
Je n'en vois pas la finesse,
Il est un chemin plus droit. . . .
Qu'à votre pere il s'adresse ?

CENIE.

Il veux sans doute voir
Si c'est lui seul que j'aime,

L'amour ne veut devoir,
Son bonheur qu'à lui-même.

MARTON.

Air : *Ne vlà-t'il pas que j'aime.*

Mais comment pouvez-vous ſçavoir
Si pour vous il ſoupire,
Hélas? bien ſouvent l'on croit voir
Tout ce que l'on déſire.

CENIE.

Air : *Le langage des yeux.*

Du langage des yeux,
Lui ſeul m'apprit l'uſage,
C'eſt à lui que je dois ma tendreſſe & ſes feux,
Qu'il eſt beau ce langage!
Que n'eſt-il bien ſçu de nous deux?

Air : *Sûre de ta foi.*

C'eſt au petit cours,
Pour la premiere fois,
C'eſt-là que nos amours
Commencerent, je crois,
J'y rêvois.
Je me promenois avec toi,
J'y voyois
Ses yeux toujours fixés ſur moi:

Mineur.

Je m'aſſis,

Près de moi je le vis
Sans m'en être apperçüe,
Je rougis,
Il rougiſſoit auſſi,
J'avois le cœur ſaiſi,
De ſa vüe;
Toute émue....
Pour nous frapper de ſes coups
L'Amour voltigeoit ſur nous,
Et nous réſervoit les plus doux.

MARTON.

Air: *Filles qui voyagent en France.*

Voilà donc pourquoi ſans ceſſe,
Vous vouliez aller au Cours;
Quoi, vous uſiez de fineſſe
Avec Marton tous les jours.

CENIE.

Hélas! ma chere,
Il falloit à nos amours
Tout ce myſtere.

DAMON paroît ſous un habit de livrée & ſous le nom de la France.

Air: *Chantez petit Colin.*

Mais je le vois venir
Il craindra ta préſence,
Fais ſemblant de ſortir,
Et laiſſe moi l'entretenir,

Je veux de ſon ſilence
Forcer la réſiſtance,
Et pour un moment,
Feindre un ſentiment
Pour un autre amant.

Elle s'éloigne un peu & fait ſemblant de ſe promener.

SCENE II.

DAMON *dans l'éloignement.*

Air : *De M. Mondonville, dans Iſbé.* N°. 9.

RONDEAU.

AH ! qu'elle eſt belle !
Puis-je approcher ?
L'amour fidelle,
Doit-il ſe cacher.

Tendre & ſincere,
Pourrois-je hélas ?
Encor me taire ?
Non non ! volons ſur ſes pas !

Ah ! qu'elle eſt belle !
Puis-je approcher ?
L'amour fidelle
Doit-il ſe cacher.

Dieu d'Amour
Triomphe en ce jour ?
Ses beaux yeux
Redoublent mes feux,

Ah ! qu'elle eſt belle !
Puis je approcher ?
Mon cœur fidelle
Sçaura la toucher.

CENIE *indifféramment.*

Air : *Ne m'entendez-vous pas.*

Vous venez à propos,
J'ai juſtement, la France,
D'un ſecret d'importance
A vous dire, deux mots,
Vous venez à propos.

Air : *De s'engager il n'eſt que trop facile.*

J'ai pluſieurs fois remarqué votre zele,
Et je cherchois à vous entretenir.

DAMON.

Il n'en ſera jamais de plus fidele
Dites un mot, je ſuis prêt d'obéir.

CENIE.

Air : *Aimons-nous belle Themire.*

Vous me ſerez néceſſaire,

DAMON.

Parlez ! Pour vous que puis-je faire ?
Je n'aſpire qu'à vous plaire.

CENIE.

Je veux..... hélas !....

DAMON.

Pourquoi cet embarras.

CENIE.

Air : *De mon Berger volage j'entend le Chalumeau.*

Juſqu'ici ſans allarmes
Dans le ſein de la paix,
De l'Amour, de ſes charmes
J'ai bravé tous les traits ;
Mais d'une indifférence
Qui fit tous mes plaiſirs,
L'Amour, l'Amour s'offenſe,
Et cauſe mes ſoupirs.

DAMON, *inquiet.*

Air : *Quoi vous partez ! Sans que rien vous arrête.*

Quoi vous aimez ? Voila donc ce myſtere ?
Cenie, ô Dieux ! *à part.* N'a point connu mes feux,
Et cet amant, *à Cenie avec vivacité*, ſans doute a ſçû vous plaire,
L'Amour ſans doute, a ſçû le rendre heureux,

Quoi ? Vous aimez ? Voila donc ce mistere,
Cenie ô Dieux ! N'a point connu mes feux.

CENIE.

Air : *Si des Galans de la Ville.*

L'aimable Dieu de Cythere
N'a pas toujours un bandeau,
Le choix qu'il a sçû me faire
Me flatte autant qu'il est beau.

Mon amant est son image,
Ce Dieu me dit de l'aimer,
Pour son plus parfait ouvrage
Puis-je ne pas m'enflâmer.

L'aimable Dieu de Cythere
N'a pas toujours un bandeau,
Le choix qu'il a sçû me faire
Me flatte autant qu'il est beau.

Sans vous je ne puis l'instruire,
Il ignore mon ardeur,
Dans mes yeux s'il sçavoit lire,
Il y verroit son bonheur.

L'aimable Dieu de Cythere, *&c.*

DAMON.

DAMON *déſeſpéré.*

Air : *Le bonheur de ma vie n'a duré qu'un inſtant.*

Trop funeſtes amours ?
Inutile eſpérance ?

CENIE.

Quel eſt donc ce diſcours ?
Que dites-vous la France ?

DAMON.

Oui ? Vous m'êtes ravie,
J'en mourrai, je le ſens,
Le malheur de ma vie
Naît de mes ſentimens.

CENIE.

Air : *Pour héritage.*

De ma ſurpriſe
Je ne puis revenir.
Je me ſuis miſe
Dans le cas d'en rougir.
De mes ſecrets
Abuſant..... téméraire....
Mais ſachez éteindre, ou me taire
Ces feux indiſcrets.

DAMON.

Air : *Votre cœur aimable Aurore.*

J'ai long-tems ſçû le contraindre

Ce feu qui fait mon plaiſir,
Quoique j'euſſe tout à craindre,
Mon cœur l'a voulu nourrir,
Et s'il peut jamais l'éteindre
C'eſt par ſon dernier ſoupir.

CENIE.

Air : *Dans l'objet qu'on aime.*

A l'objet que j'aime
Je veux qu'en ce jour
Vous alliez vous-même,
Vous-même exprimer mon amour,
Vous alliez, &c.

DAMON.

Air : *Le Seigneur Turc à raiſon.*

Non, non ? c'eſt trop m'outrager,
Ma rage eſt extrême.

CENIE.

Où courez-vous ?

DAMON.

Me venger ?

CENIE.

Quoi ? du ſeul objet que j'aime,

DAMON.

Il va tomber ſous mes coups.

CENIE.

Eh bien? cruel vengez-vous ?
Vengez-vous.... ſur vous-même.

DAMON *tranſporté de joie.*

Air *Italien.*

O Ciel? Que dites-vous ?

CENIE.

Ceſſez d'être en courroux,
Mon cher Damon
Vous étiez donc
Un peu jaloux.

DAMON.

Ah pouvois-je indifferemment,
Vous perdre & vous croire un Amant.
Pouvois-je, hélas!
Dans d'autres bras
Voir tant d'appas.
Si ce cruel moment
Affligea votre Amant,
A vos genoux,
Ah qu'il m'eſt doux,
D'être à préſent.

Duo de l'Opéra ajuſtée en potpourry d'airs.

CENIE, DAMON.

Aimons nous, aimons nous, & qu'une ardeur conſtante,

Enflâme à jamais nos déſirs ;
Au ſein des tendres plaiſirs
Que notre flâme s'augmente,
Au ſein des tendres plaiſirs,
Ranimons-là par nos ſoupirs ;
Aimons-nous, &c.

Le Théâtre change & repreſente une illumination de toutes ſortes de couleurs.

UN LAQUAIS DEGUISÉ.

Air : *Jardinier ne vois-tu pas.*

Autour de notre maiſon
Les Maſques ſe promenent,
Ils ont tous quitté Bezon.

CENIE ET DAMON.

Ouvrez leurs par le perron,
Qu'ils viennent ? Qu'ils viennent ?
Qu'ils viennent ?

SCENE III. ET DERNIERE.

Tous les Laquais de la maison ridiculement habillés, les uns sous des habits de leurs Maîtres, & formans differens quadrilles, forment le Divertissement; chaque quadrille est exprimé par un air qui le caracterise, les uns sont en Romains, & forment un Ballet plaisant avec des gestes, & une danse ridicule, les uns en Savoyards, d'autres en Bergers & Bergeres, &c. des Masques & des Chianlits.

UN CHIANLIT.

AH! que de joli fille
Ili'a là bas?
Ah, ah, ah, ah,
Ah! com' tout çà sautille,
Et fait fracas.

En voyant une jolie Danseuse.

Air : *Ma tantourlourette.*

Voilà de ces yeux fripons
Qui, s'ils s'en vont à Bezons,
Front sûrment queuq bonne emplette,
Turlurette,
Turlurette,
Ma tantourlourette.

Air : *V'là l'plaisir des Dames.*

Dans un coin d'la Foire on crioit,

Vlà l'plaisir des Dames,
Je vas demander ce que c'est,
Mais on me baillit du croquet,
Vous gaussez donc ? .. Dis-je, les bonnes femmes,
Estclà l'plaisir des Dames.

***

N'sçavez-vous qçà ? J'en sçais pû long,
Sû l'plaisir des Dames ?
Voyez sauter ces cotillons,
Danser ces fill' & ces garçons,
Regardez-çà.... Regardez bonnes femmes,
Vlà l'plaisir des Dames,
Vlà l'plaisir.

Ah que de joli fille,
Ili'a là-bas ?
Ah, ah, ah, ah,
Ah ! com' tout ça sautille,
Et fait fracas.

COUPLETS DU DIVERTISSEMENT.

UN LAQUAIS DEGUISÉ.

Air : N°. 10

Tout est mascarade à présent,
Tout n'est que mascarade,
Il n'est plus d'état, ni de rang,
L'argent seul persuade,
Etoffe, esprit tout est clinquant,
Tout est gentil, & sémillant

Qui n'eſt pas toujours ſautillant,
Eſt un homme mauſſade.

❧❧

Tout eſt maſcarade à préſent;
Tout n'eſt que maſcarade,
Dans un vis-à-vis opulent
L'on voit rouler Moncade,
Les dentelles, & les diamans
Le faufilent parmi les grands
Lui font oublier que long-tems
Il fut mon camarade.

❧❧

Tout eſt maſcarade à préſent,
Tout n'eſt que maſcarades,
Sur ce Théâtre où ſi ſouvent
Les nouveautés ſont fades,
L'on n'aime plus le ſentiment,
Il eſt triſte, il eſt ennuyant,
L'on y veut un couplet galant,
L'on y veut des gambades.

❧❧

Tout eſt maſcarade à préſent,
Tout n'eſt que maſcarade,
L'Opéra pour être amuſant,
Eſt deſcendu d'un grade;
L'ours des Bouffons eſt ſéduiſant,

Du Devin l'on alloit disant ,
Le Polichinelle est plaisant ,
J'aime l'Arlequinade.

On danse.

Fin du troisiéme & dernier Acte.

APPROBATION.

J'Ai lû par Ordre de Monseigneur le Chancelier, *les F tes des Environs de Paris* , *Parodie des Fêtes Grecques & Romaines* ; & n'y ai rien trouvé qui puisse en empêcher l'impression , à Paris ce 18 Juillet 1753.

CREBILLON.

www.ingramcontent.com/pod-product-compliance
Ingram Content Group UK Ltd.
Pitfield, Milton Keynes, MK11 3LW, UK
UKHW020436180726
13839UKWH00004B/1513